Mentions légales © 2024 Arthur Riquelme

Tous droits réservés

Aucune partie de ce livre ne peut être reproduite, stockée dans un système de récupération, ou transmise sous quelque forme que ce soit ou par quelque moyen que ce soit, électronique, technique, photocopieuse, enregistrement ou autre, sans autorisation écrite expresse de l'éditeur.

I0444136

TABLE DES MATIÈRES

Mentions légales
Introduction   2
Chapitre 1   5
Chapitre 2   9
Chapitre 3   13
Chapitre 4   20
Chapitre 5   25
Chapitre 6   34
Chapitre 7   40
Chapitre 8   46
Chapitre 9   50
Chapitre 10   54
Conclusion   58

Les Codes de la Richesse de Salomon

Arthur Riquelme

INTRODUCTION

La sagesse éternelle de Salomon

Parmi les grands sages qui ont traversé les siècles, un nom s'impose avec une intensité singulière : Salomon, le sage roi d'Israël. Sa figure historique transcende le temps, nous laissant un héritage de sagesse qui résonne à travers les âges. En nous plongeant dans l'histoire de ce monarque légendaire, nous sommes amenés à contempler non seulement sa richesse matérielle, mais surtout la richesse de son savoir et de son discernement.

L'histoire de Salomon, relatée dans les Saintes Écritures, nous ramène à une époque où les royaumes fleurissaient et où de grands empires s'élevaient. Fils du légendaire roi David, Salomon a hérité non seulement du trône d'Israël, mais aussi d'un désir ardent de sagesse. C'est face à cet héritage qu'il a été confronté au choix difficile entre les richesses matérielles et le discernement divin.

Dans sa jeunesse, alors qu'il était chargé de diriger un peuple, Salomon n'a pas hésité à demander la sagesse à Dieu. En réponse, le Tout-Puissant lui a accordé non seulement la sagesse, mais aussi des richesses inestimables, la gloire et l'honneur parmi les rois de la terre. Salomon est ainsi devenu non seulement un dirigeant sage et juste, mais aussi l'un des hommes les plus riches et les plus influents de son temps.

Le livre des Proverbes, attribué à Salomon, est une véritable mine d'or de sagesse pratique et de conseils judicieux. Au milieu de ces proverbes, nous trouvons une déclaration qui a résonné à travers les siècles : *"Mieux vaut acquérir la sagesse que l'or ! Mieux vaut acquérir de l'intelligence que de l'argent"*. (Proverbes 16:16). Ces mots, écrits il y a des millénaires, sont toujours d'actualité et nous rappellent l'importance primordiale de la sagesse dans notre quête d'une véritable prospérité.

Mais la sagesse de Salomon ne se limite pas à la sphère spirituelle ou philosophique, elle s'étend aussi aux finances et à l'administration. Salomon était passé maître dans l'art de gérer les richesses, de multiplier ses ressources et de bâtir un empire prospère et florissant. Ses stratégies financières étaient si réputées qu'elles suscitaient l'admiration et le respect des rois et des reines de toutes les nations.

L'une des leçons les plus frappantes que nous pouvons tirer de la vie de Salomon est la prise de conscience que la véritable richesse ne réside pas seulement dans l'accumulation de biens matériels, mais aussi dans la poursuite de la sagesse et de la connaissance. Comme il l'a lui-même proclamé : "La *sagesse est la chose la plus importante ; c'est pourquoi il faut acquérir la sagesse, et employer tout ce que l'on a à acquérir de l'intelligence"* (Proverbes 4:7). Cette vision holistique de la prospérité nous rappelle que la vraie richesse se construit sur des bases solides de sagesse, d'éthique et de discernement.

Alors que nous nous aventurons dans ce livre à la recherche des codes de richesse de Salomon, je vous invite à réfléchir à la pertinence intemporelle de ses enseignements pour nos vies. Puissions-nous apprendre de sa sagesse ancienne et l'appliquer de manière pratique et consciente sur notre chemin vers la prospérité financière et spirituelle. Car, comme nous le rappelle Salomon *"Honorez le Seigneur par vos biens et par les prémices de tout ce que vous gagnez ; alors vos greniers seront pleins, et vos cuves déborderont de vin"* (Proverbes 3:9-10). Que ce voyage soit une recherche constante de la vraie sagesse et une manifestation de l'abondance qui découle de la générosité et de l'intégrité.

CHAPITRE 1

principe de générosité

Lorsque nous examinons la vie de Salomon, nous sommes confrontés à une vérité essentielle qui traverse les âges : la générosité en tant que principe fondamental de la prospérité. Salomon n'a pas seulement accumulé des richesses pour lui-même, il a aussi compris le pouvoir transformateur du partage avec les autres.

La générosité de Salomon ne se limitait pas à une aumône occasionnelle, elle faisait partie intégrante de sa vie quotidienne. Il avait compris que le don ne profitait pas seulement à ceux qui en bénéficiaient, mais qu'il lui apportait aussi d'innombrables bénédictions. Comme il l'a écrit dans les Proverbes *: "Les uns donnent généreusement et voient leurs richesses s'accroître ; les autres retiennent ce qu'ils devraient donner et tombent dans la pauvreté"* (Proverbes 11:24).

Notre société associe souvent la richesse à l'accumulation égoïste de ressources, mais Salomon nous rappelle que la véritable prospérité est atteinte lorsque nous sommes prêts à partager ce que nous avons avec les autres. En pratiquant la générosité, non seulement nous tendons une main secourable à ceux qui sont dans le besoin, mais nous ouvrons aussi la porte à des bénédictions multipliées.

Un aspect fondamental de la générosité de Salomon était sa prise de conscience *qu'il ne s'agissait pas seulement de faire l'aumône, mais d*'investir dans le bien-être d'autrui. Il a construit des hôpitaux, des écoles et des institutions caritatives pour aider les moins fortunés de sa société. Ces actes n'ont pas seulement permis de soulager les souffrances immédiates, mais ont également contribué au développement durable de sa nation.

En outre, Salomon a compris que la générosité ne se limitait pas au partage des ressources matérielles, mais qu'elle incluait également le don de temps, de compétences et de talents. Il a encouragé son peuple à donner non seulement ce qu'il avait en abondance, mais aussi ce qu'il avait en pénurie. Ce principe nous rappelle que nous avons tous quelque chose de précieux à offrir, quelle que soit notre situation financière.

Lorsque nous examinons la vie de Salomon, nous pouvons clairement voir les fruits de la générosité dans sa propre vie. Il a joui d'une abondante prospérité, non seulement sur le plan matériel, mais aussi sur le plan de la paix de l'esprit et du contentement intérieur. Sa générosité n'était pas seulement un acte de charité, mais l'expression de sa profonde gratitude pour l'abondance qu'il avait lui-même reçue.

C'est pourquoi, en suivant les traces de Salomon, nous sommes invités à cultiver une mentalité de générosité dans nos propres vies. Il ne s'agit pas seulement de donner pour le plaisir de donner, mais de reconnaître que la générosité est un investissement judicieux dans l'avenir, à la fois pour nous-mêmes et pour les autres. En pratiquant la générosité, nous ouvrons la porte à la prospérité dans tous les domaines de notre vie, devenant ainsi de véritables agents de changement dans un monde qui a désespérément besoin d'amour et de compassion.

Exercices pratiques pour le lecteur :

1. **Identifiez les occasions de donner :** Prenez le temps de réfléchir aux différentes formes de générosité que vous pouvez pratiquer dans votre vie quotidienne. Il peut s'agir de faire un don à une association caritative, d'aider un voisin dans le besoin, d'offrir son temps à une organisation à but non lucratif ou simplement de par-

tager des mots d'encouragement avec quelqu'un dans le besoin.

2. **Créez un plan de donation :** Fixez des objectifs clairs pour votre générosité financière. Déterminez un pourcentage de vos revenus que vous souhaitez donner régulièrement et recherchez des organisations caritatives qui correspondent à vos causes et à vos valeurs. Vous apporterez ainsi une contribution significative à des causes qui vous tiennent à cœur.

3. **Faites du bénévolat dans votre communauté :** Recherchez des possibilités de bénévolat dans votre région. Il peut s'agir d'un refuge pour sans-abri, d'une cuisine communautaire, d'un centre d'aide aux enfants défavorisés ou de toute autre organisation qui accomplit un travail positif dans la communauté. Votre temps et vos compétences peuvent faire une grande différence dans la vie des autres.

4. **Pratiquez la gratitude au quotidien :** Prenez quelques minutes chaque matin ou avant de vous coucher pour réfléchir aux bienfaits de votre vie. Notez dans un journal trois choses pour lesquelles vous êtes reconnaissant ce jour-là. Cette simple pratique peut vous aider à cultiver un état d'esprit de gratitude et à reconnaître l'abondance que vous avez déjà.

5. **Partagez vos talents :** Identifiez vos compétences et vos talents uniques et réfléchissez à des moyens de les partager avec les autres. Il peut s'agir d'enseigner quelque chose que vous savez à quelqu'un qui veut apprendre,

d'offrir vos services gratuitement pour aider quelqu'un dans le besoin ou simplement de faire une gentillesse pour égayer la journée de quelqu'un.

6. **Évaluez régulièrement vos progrès :** Passez régulièrement en revue vos pratiques de générosité et évaluez votre progression vers vos objectifs. Célébrer vos réussites et identifier les domaines dans lesquels vous pouvez vous améliorer peut vous aider à rester concentré et motivé dans votre démarche de générosité.

En pratiquant ces exercices, vous suivrez les traces de Salomon en intégrant la générosité dans votre vie quotidienne. Rappelez-vous que même de petits actes de gentillesse peuvent avoir un impact significatif, non seulement sur la vie des autres, mais aussi sur votre propre cheminement vers le développement personnel et la prospérité.

CHAPITRE 2

L'art de la gestion avisée

Dans la vie et les enseignements de Salomon, nous trouvons un modèle exemplaire de la manière de gérer avec sagesse les ressources et les richesses qui nous sont confiées. La sagesse du sage roi d'Israël ne se limitait pas à l'accumulation de biens, mais s'étendait également à la manière dont ces ressources étaient gérées et utilisées au profit de son peuple et de sa nation.

L'un des passages les plus emblématiques illustrant la vision de Salomon sur la bonne gestion se trouve dans les Proverbes, où il écrit : *"L'homme de bien laisse un héritage aux enfants de ses enfants, mais les richesses du pécheur sont mises en réserve pour le juste"* (Proverbes 13:22). Cette affirmation nous rappelle qu'une bonne gestion des ressources ne se limite pas au présent, mais qu'elle implique également de planifier l'avenir et de créer un héritage durable pour les générations futures.

Salomon avait compris que la gestion efficace des ressources n'impliquait pas seulement l'accumulation de richesses, mais aussi la distribution équitable et juste de ces ressources parmi son peuple. Il a gouverné avec justice et équité, veillant à ce que les moins favorisés soient pris en charge et à ce que personne ne soit laissé pour compte dans sa quête de prospérité.

Un autre principe fondamental de la gestion avisée, illustré par Salomon, est l'importance de la diversification des investissements. Il n'a pas mis tous ses œufs dans le même panier, mais a réparti ses ressources dans différents domaines, minimisant ainsi les risques et maximisant les rendements potentiels. Comme il l'a lui-même écrit : *"Répartissez vos investissements sur sept ou même huit, car vous ne savez pas quel malheur peut frapper la terre"* (Ecclésiaste 11:2).

Salomon appréciait également la prudence et la modération dans la gestion des ressources. Il savait que l'indulgence et l'extravagance pouvaient conduire à la ruine financière. Comme il l'a écrit dans les Proverbes : *"Celui qui retient l'argent emprunté est l'esclave de celui qui l'a prêté"* (Proverbes 22:7). Ce passage nous rappelle l'importance de vivre selon nos moyens et d'éviter le surendettement.

Enfin, Salomon a reconnu l'importance de rechercher les conseils de Dieu dans toutes les décisions financières. Il a recherché la sagesse de Dieu dans ses choix et s'est fié à la providence divine pour guider ses pas. Comme il l'a lui-même déclaré : *"Confie-toi à l'Éternel de tout ton cœur, et ne t'appuie pas sur ton intelligence ; dans toutes tes voies, reconnais l'Éternel, et il dirigera tes sentiers"* (Proverbes 3:5-6).

Ainsi, en suivant les exemples et les enseignements de Salomon, nous sommes mis au défi de gérer avec sagesse les ressources qui nous sont confiées, en recherchant toujours la justice, l'équité et la guidance divine dans toutes nos décisions financières. Car, comme nous le rappelle Salomon, la véritable prospérité ne réside pas seulement dans l'accumulation de richesses, mais dans la gestion sage et consciente de ces ressources pour le bien de tous.

Exercices pratiques pour le lecteur :

1. **Établissez un budget financier : Prenez le temps d'**établir un budget détaillé comprenant l'ensemble de vos revenus et dépenses mensuels. Analysez soigneusement vos dépenses et identifiez les domaines dans lesquels vous pouvez économiser ou réaffecter les ressources de manière plus efficace. N'oubliez pas d'inclure une catégorie pour les dons ou les contributions destinées à

aider les personnes dans le besoin.

2. **Diversifiez vos investissements :** Si vous investissez déjà, passez en revue votre portefeuille d'investissements et déterminez s'il existe des domaines dans lesquels vous êtes surexposé. Envisagez de diversifier vos investissements dans différentes catégories d'actifs, telles que les actions, les obligations, l'immobilier et les matières premières, afin de réduire les risques et de maximiser le potentiel de rendement.

3. **Fixez des objectifs financiers à long terme :** Fixez des objectifs clairs et réalisables pour vos finances personnelles et familiales. Il peut s'agir de l'achat d'une maison, d'une retraite confortable, de l'éducation de vos enfants ou de contributions importantes à des œuvres caritatives. Décomposez ces objectifs en petites étapes et élaborez un plan d'action pour les atteindre au fil du temps.

4. **Pratiquez la modération et le contrôle des dépenses :** Lorsque vous faites des achats ou prenez des décisions financières, faites preuve de modération et évitez les excès. Demandez-vous si vos achats sont vraiment nécessaires et s'ils sont conformes à vos valeurs et à vos objectifs financiers à long terme. Rappelez-vous la sagesse de Salomon sur la modération et la prudence financière.

5. **Cherchez à être guidé par Dieu dans vos décisions :** Lorsque vous êtes confronté à d'importantes décisions financières, prenez le temps de demander l'aide de Dieu par la prière, la méditation ou la réflexion. Demandez-lui sagesse et discernement pour prendre les meilleures décisions pour vous, votre famille et votre

communauté. Faites confiance à la providence divine pour guider vos pas sur la voie d'une gestion avisée des ressources.

En pratiquant ces exercices, vous suivrez les traces de Salomon en intégrant les principes de la gestion avisée dans votre vie quotidienne. N'oubliez pas que la sagesse financière ne consiste pas seulement à accumuler des richesses, mais aussi à gérer et à utiliser ces ressources de manière consciente et responsable, au bénéfice de tous.

CHAPITRE 3

La valeur du travail et de la diligence

Dans la vie de Salomon, nous trouvons un exemple frappant d'une éthique de travail exemplaire et de la valorisation de la diligence et de la persévérance en tant qu'éléments fondamentaux de la réussite financière et de l'accumulation de richesses à long terme. En explorant les enseignements bibliques et les proverbes attribués à Salomon, nous sommes confrontés à une vision claire de l'importance du travail et du dévouement dans la poursuite de la prospérité.

1. L'exemple de Salomon :

Dès sa jeunesse, Salomon a été exposé aux enseignements de son père, le roi David, sur l'importance du travail et de la diligence. David, un homme décrit comme "selon le cœur de Dieu" (1 Samuel 13:14), a servi le peuple d'Israël avec zèle et dévouement, donnant à son fils un exemple inspirant.

Salomon a grandi en regardant son père affronter les défis et l'adversité avec courage et détermination, en se fiant toujours à la providence divine pour guider ses pas. David n'était pas seulement un chef militaire habile, mais aussi un poète, un musicien et un homme ayant une foi profonde en Dieu. Cette variété de compétences et de vertus a certainement laissé une marque indélébile dans l'esprit de Salomon, le préparant à assumer les responsabilités de la royauté avec sagesse et engagement.

En accédant au trône d'Israël, Salomon n'a pas hésité à mettre en pratique les principes de travail et de diligence qu'il avait appris de son père. Il s'est consacré sans relâche au gouvernement de son peuple, en recherchant toujours le bien-être et la prospérité de la nation. Ce dévouement s'est manifesté par une administration juste et efficace, des décisions judicieuses et un engagement en faveur de la paix et de la sécurité du royaume.

L'influence positive de David sur Salomon est attestée par les paroles prononcées par ce dernier lors de la dédicace du temple de Jérusalem : "Béni soit l'Éternel, qui a donné du repos à son peuple d'Israël, selon toutes ses paroles : "Béni soit le Seigneur, qui a donné du repos à son peuple d'Israël, selon tout ce qu'il a dit ; pas une seule parole n'a manqué à toutes les bonnes paroles qu'il a prononcées par la main de Moïse, son serviteur" (1 Rois 8:56). Ces paroles reflètent non seulement la gratitude de Salomon pour toutes les bénédictions qu'il a reçues, mais aussi sa profonde admiration et son respect pour l'héritage laissé par son père.

Le règne de Salomon est considéré comme une période de paix, de prospérité et de grandeur pour Israël, en grande partie grâce à sa diligence et à son dévouement au service du peuple. Son exemple inspirant continue d'être une source d'inspiration pour nous aujourd'hui, nous rappelant l'importance du travail acharné, de la persévérance et de la confiance en la providence divine dans tous les domaines de notre vie.

2. La sagesse des Proverbes :

Dans les écrits attribués à Salomon, nous trouvons une multitude de conseils et d'enseignements sur la valeur du travail et de la diligence. Dans Proverbes 6:6-11, Salomon utilise la fourmi comme un exemple frappant de diligence et de préparation de l'avenir. Il exhorte ses lecteurs à observer la fourmi, qui travaille dur pendant l'été, emmagasinant de la nourriture pour les jours maigres de l'hiver. Cette image puissante nous rappelle qu'il est essentiel de travailler dur pour assurer notre sécurité et notre subsistance à l'avenir.

Salomon souligne que la paresse mène à la pauvreté, tandis que le travail diligent et constant mène à la prospérité. Il nous met en garde contre les dangers de la procrastination et du manque d'initiative, soulignant que ceux qui sont négligents dans leurs tâches finiront par connaître la pénurie et le besoin. Salomon nous encourage donc à cultiver une éthique de travail diligente et responsable, en reconnaissant que la réussite financière est la conséquence naturelle d'un dévouement et d'un effort continus.

Un autre proverbe remarquable, tiré de Proverbes 10:4, renforce ce message en affirmant qu'"une main diligente fait prospérer, mais une main négligente mène à la pauvreté". Cette affirmation met en évidence le lien direct entre le travail acharné et la réussite financière, montrant que ceux qui se consacrent avec diligence à leurs tâches sont récompensés par la prospérité et l'abondance. Salomon nous rappelle que la diligence est une vertu appréciée par Dieu et qu'il bénit les efforts de ceux qui travaillent dur et avec intégrité.

Ces enseignements tirés des Proverbes reflètent la sagesse pratique de Salomon sur la valeur du travail et de la diligence dans la recherche de la prospérité et du succès. Ils nous incitent à cultiver un état d'esprit d'engagement et de persévérance dans toutes nos activités, en reconnaissant que l'effort diligent est fondamental pour atteindre nos objectifs et réussir dans tous les domaines de notre vie.

3. Exemples pratiques de travail diligent :

Outre les principes généraux enseignés dans les Proverbes, nous trouvons également des exemples pratiques dans la vie de Salomon et son administration du royaume d'Israël. Il était connu pour sa capacité à diriger son peuple avec sagesse et efficacité, en prenant des décisions judicieuses et en recherchant toujours le meilleur pour sa nation.

Un exemple frappant de ce travail diligent se trouve dans *1 Rois 9:15*, où nous lisons les projets de construction entrepris par Salomon, y compris le magnifique Temple de Jérusalem. Le passage nous dit que Salomon a reconstruit les villes que Huram lui avait données et qu'il y a fait habiter les enfants d'Israël. En outre, la Bible nous apprend qu'il a construit le temple du Seigneur, son propre palais et la ville de Jérusalem. Salomon a personnellement supervisé ces projets, veillant à ce qu'ils soient menés à bien avec excellence et soin, démontrant ainsi son dévouement au service de Dieu et de son peuple.

Le soin et l'attention aux détails dont Salomon a fait preuve lors de la construction du temple de Jérusalem sont un témoignage éclatant de sa diligence et de son engagement dans le travail qui lui était confié. Il a fait appel aux meilleurs artisans et à des matériaux de qualité pour faire du temple un chef-d'œuvre de beauté et de splendeur, digne de l'adoration du Dieu tout-puissant.

Salomon a également investi dans des projets d'infrastructure et de développement afin d'améliorer la vie de son peuple. Il a construit des routes, des forteresses, des entrepôts et des villes, favorisant ainsi le commerce et la sécurité dans tout le royaume. Son engagement pour le progrès et le bien-être de sa nation était évident dans toutes ses entreprises, reflétant son dévouement au service public et sa vision d'un Israël prospère et renforcé.

Ces exemples pratiques tirés de la vie de Salomon nous incitent à suivre son exemple de travail diligent et engagé dans notre propre vie. Ils nous rappellent que le succès et l'épanouissement ne passent pas seulement par les mots, mais aussi par des actions concrètes et la persévérance dans la poursuite de nos objectifs.

4. La récompense d'un travail acharné :

Salomon, dans sa profonde sagesse, reconnaissait que le travail acharné et la diligence ne garantissaient pas seulement la réussite matérielle, mais aussi une vie pleine de sens et d'épanouissement. Dans l'*Ecclésiaste 3:12-13*, il exprime cette compréhension en écrivant : "Je sais qu'il n'y a rien de mieux pour l'homme que de se réjouir et de faire le bien aussi longtemps qu'il vit. J'ai aussi découvert qu'il vaut mieux être heureux et faire le bien pendant sa vie ; que tous les jours que Dieu nous donne sont inutiles".

Ces mots nous rappellent que la véritable valeur du travail acharné va au-delà des récompenses matérielles. Bien que la réussite financière soit importante, Salomon nous enseigne que la véritable récompense réside dans la capacité à trouver la joie et le but de notre vie grâce à un travail assidu et au service des autres. Il nous invite à rechercher le bonheur non seulement dans la poursuite de la richesse matérielle, mais aussi en faisant le bien et en contribuant au bien-être de l'humanité.

En reconnaissant que chaque jour que nous recevons est un don de Dieu, Salomon nous rappelle qu'il est important de tirer le meilleur parti de chaque instant et d'investir nos énergies dans des activités qui apportent un sens et un épanouissement. Il nous encourage à cultiver des relations enrichissantes, à promouvoir la justice et l'équité et à laisser un héritage durable aux générations futures.

Cette perspective élevée sur le travail acharné nous incite à redéfinir notre notion de succès et à rechercher un but et un sens à notre vie. Il ne s'agit pas seulement d'accumuler des richesses ou d'atteindre un statut, mais de trouver la joie et l'épanouissement en servant les autres et en contribuant au bien commun. En adoptant cette vision holistique du travail, nous découvrons que la véritable récompense réside dans le voyage lui-même et dans les opportunités que nous avons de faire la différence dans le monde qui nous entoure.

5. Pratiques pour cultiver la diligence :

Afin d'appliquer les enseignements de Salomon sur la valeur du travail et de la diligence à notre propre vie, il est essentiel d'adopter des pratiques concrètes qui nous aident à cultiver ces vertus et à atteindre nos objectifs. Examinons de plus près chacune des pratiques mentionnées :

1. **Fixer des objectifs clairs et réalisables pour nos acti-**

vités quotidiennes et à long terme :** Fixer des objectifs clairs et précis nous permet de visualiser ce que nous voulons atteindre et d'élaborer un plan d'action pour y parvenir. En fixant des objectifs réalisables, nous évitons de nous encombrer d'attentes irréalistes et nous restons motivés en constatant des progrès tangibles dans la réalisation de nos objectifs. À l'instar de Salomon, qui avait une vision claire de son règne et de la construction du Temple de Jérusalem, nous pouvons identifier nos propres objectifs personnels et professionnels et travailler avec diligence pour les atteindre.

2. **Créer un calendrier ou un agenda pour organiser nos tâches et nos priorités :** L'établissement d'un calendrier ou d'un agenda permet d'organiser nos activités et de mieux utiliser notre temps. En planifiant nos journées à l'avance et en établissant des priorités, nous pouvons éviter les distractions et les pertes de temps en nous concentrant sur les tâches les plus importantes et les plus urgentes. Tout comme Salomon a supervisé de près les projets de construction dans son royaume, nous pouvons adopter une approche disciplinée pour gérer nos propres responsabilités et nous assurer que nous nous concentrons sur la réalisation de nos objectifs.

3. **Développer des habitudes de discipline et d'autodiscipline pour rester concentré et productif :** La discipline est essentielle à la réussite de toute entreprise. Elle nous aide à rester concentrés sur nos objectifs, même lorsque nous sommes confrontés à des difficultés ou à des tentations. Développer des habitudes d'autodiscipline, comme se lever tôt, respecter les délais et maintenir des routines cohérentes, nous permet de maximiser notre productivité et d'obtenir des résultats plus réguliers. Inspirés par la discipline de Salomon à la tête de son royaume, nous pouvons cultiver un état d'esprit d'engagement et de responsabilité vis-à-vis de notre propre

travail.

4. **Maintenir une attitude positive et persévérante face aux défis et aux obstacles que nous rencontrons** : Le travail acharné et la diligence impliquent souvent de faire face à des défis et à des obstacles en cours de route. Maintenir une attitude positive et persévérante face à ces adversités est essentiel pour les surmonter et continuer à avancer vers nos objectifs. Tout comme Salomon a dû faire face à de nombreux défis au cours de son règne, notamment des conflits politiques et des pressions extérieures, nous pouvons nous inspirer de sa résilience et de sa détermination en affrontant nos propres défis avec courage et confiance.

5. **Chercher à apprendre en permanence et à améliorer nos compétences et nos connaissances dans notre domaine** : L'apprentissage continu est fondamental pour le développement personnel et professionnel. Chercher des occasions d'améliorer nos compétences et nos connaissances nous permet de rester à jour et d'atteindre une plus grande excellence dans nos activités. En suivant l'exemple de Salomon, qui valorisait la sagesse et le savoir, nous pouvons constamment chercher à élargir nos horizons et à devenir de plus en plus compétents dans nos domaines.

En mettant en pratique ces principes et en adoptant ces pratiques dans notre vie quotidienne, nous suivrons les traces de Salomon en cultivant une éthique de travail exemplaire et en recherchant l'excellence dans toutes nos entreprises. N'oubliez pas que le travail et la diligence sont les fondements de la prospérité et de l'épanouissement personnel, et qu'avec de la persévérance et de la détermination, nous pouvons accomplir de grandes choses dans notre vie.

CHAPITRE 4

L'importance de la connaissance et de l'éducation

La recherche de la connaissance et de l'éducation joue un rôle fondamental dans le cheminement vers la prospérité financière. Salomon, connu pour sa sagesse et son discernement, est un exemple édifiant de l'importance de cultiver son esprit et de rechercher la véritable compréhension. Dans ce chapitre, nous explorerons les enseignements bibliques et les leçons pratiques que nous pouvons tirer de la quête incessante de connaissances de Salomon.

1. La recherche de la sagesse :

La recherche incessante de la sagesse est une caractéristique essentielle de la vie de Salomon, le légendaire roi d'Israël. Son désir ardent de sagesse transcendait les simples préoccupations matérielles et révélait une compréhension profonde de la valeur suprême de cette vertu. Dans *1 Rois 3:9*, nous assistons à un moment crucial où Salomon, confronté à une offre divine de choisir ce qu'il voulait, a opté pour la sagesse.

Ce choix révèle non seulement l'humilité de Salomon, mais aussi sa profonde conscience des responsabilités du gouvernement. Au lieu de rechercher la richesse ou le pouvoir, Salomon a reconnu l'importance fondamentale de la sagesse pour gouverner avec justice et discernement. Il a compris que pour diriger efficacement, il ne suffisait pas de prendre des décisions pragmatiques ; il était essentiel de posséder une sagesse issue d'une profonde compréhension des complexités humaines et des questions morales.

Cette quête de la sagesse n'était pas seulement une aspiration intellectuelle, mais une recherche d'une compréhension plus profonde de la volonté de Dieu et des principes qui régissent l'univers. Salomon a compris que la sagesse n'était pas une fin en soi, mais un moyen d'atteindre une fin plus grande : le bien-être et la prospérité du peuple d'Israël. Il recherchait le discernement non seulement pour son avantage personnel, mais aussi pour le bénéfice de ceux sur lesquels il régnait.

En outre, le choix de la sagesse par Salomon reflète sa confiance dans la providence divine. Il a reconnu que la véritable sagesse ne pouvait être obtenue par des moyens purement humains, mais par la grâce et la révélation de Dieu. Sa décision de demander la sagesse démontre sa foi en la guidance divine et sa volonté de se soumettre à la volonté de Dieu dans tous les domaines de sa vie.

En bref, la quête incessante de la sagesse par Salomon est un exemple inspirant de la manière dont nous devrions donner la priorité aux vertus spirituelles plutôt qu'aux préoccupations matérielles. Le fait qu'il ait choisi la sagesse comme le cadeau le plus précieux qu'il pouvait recevoir témoigne d'une profonde compréhension de la véritable signification du succès et de l'importance de rechercher une base solide de sagesse dans tous les domaines de notre vie.

2. La connaissance comme source de discernement :

La connaissance n'est pas seulement l'accumulation de faits, mais une compréhension profonde et significative des problèmes auxquels nous sommes confrontés. Salomon souligne cette distinction dans Proverbes 4:7, où il déclare : "Le commencement de la sagesse, c'est d'acquérir la sagesse : "*Le commencement de la sagesse, c'est d'acquérir de la sagesse, et avec tout ce que tu possèdes, de l'intelligence*". Ces mots nous rappellent que le véritable discernement naît de la recherche diligente de la connaissance et de l'application pratique de cette connaissance dans nos vies.

3. L'éducation en tant qu'investissement dans l'avenir :

Tout comme Salomon a reconnu l'importance de la connaissance pour la réussite personnelle et gouvernementale, nous devons nous aussi considérer l'éducation comme un investissement dans notre avenir. La poursuite de l'apprentissage continu nous permet de relever les défis en constante évolution du monde moderne et de tirer parti des opportunités qui se présentent. Proverbes 18:15 nous le rappelle : *"Le cœur de celui qui sait discerner acquiert la connaissance, et l'oreille de celui qui est sage recherche la sagesse"*. C'est pourquoi nous devrions toujours être ouverts à l'éducation et à la croissance, en cherchant à apprendre des sages et à appliquer leurs leçons dans notre vie quotidienne.

4. La sagesse comme guide dans les décisions financières :

Salomon donne des indications précieuses sur l'importance de la sagesse dans la gestion des finances personnelles. Proverbes 24:3-4 nous conseille : "C'est *avec la sagesse qu'on bâtit une maison, et c'est avec l'intelligence qu'on l'affermit. Par la science, les chambres sont remplies de toutes sortes de choses précieuses ; dans la maison des sages, il y a des choses précieuses et agréables"*. Ces mots soulignent le lien entre la sagesse et la prospérité matérielle, montrant qu'une connaissance et une compréhension adéquates sont essentielles pour prendre des décisions financières judicieuses et construire des fondations solides pour l'avenir.

5. La recherche d'une véritable compréhension :

Outre l'acquisition de connaissances académiques et de compétences pratiques, Salomon nous rappelle l'importance de la recherche d'une véritable compréhension spirituelle. Proverbes 9:10 nous enseigne : "*La crainte de l'Éternel est le commencement de la sagesse, et la connaissance du Saint est l'intelligence.* Ce passage souligne l'importance de cultiver une relation personnelle avec Dieu, source ultime de sagesse et de compréhension. En recherchant une véritable compréhension spirituelle, nous sommes en mesure de prendre des décisions sages et de mener une vie qui a un sens et un but.

En conclusion, la quête de connaissances et d'éducation est l'un des piliers essentiels de la réussite financière et personnelle. Inspirés par la quête incessante de Salomon pour la véritable compréhension, nous devrions considérer la sagesse comme un trésor inestimable et chercher à l'acquérir avec diligence et détermination. Puissions-nous suivre l'exemple de Salomon en recherchant continuellement la connaissance et en l'appliquant à notre voyage vers la prospérité et l'épanouissement.

Pour mettre en pratique et appliquer les enseignements du chapitre sur l'importance de la connaissance et de l'éducation, le lecteur peut réaliser les exercices pratiques suivants :

1. **Lecture et étude quotidiennes : Réservez** chaque jour du temps à la lecture et à l'étude, en vous consacrant à des sources de connaissances en rapport avec vos objectifs personnels et vos centres d'intérêt. Il peut s'agir de livres, d'articles, de cours en ligne, de vidéos éducatives ou de podcasts liés à votre domaine ou à vos centres d'intérêt.

2. **Participez à des cours et à des ateliers : Recherchez** des cours, des ateliers ou des séminaires qui offrent des possibilités d'apprentissage dans des domaines spécifiques que vous souhaitez améliorer. Ces formations peuvent être dispensées en personne ou en ligne, et peuvent couvrir une grande variété de sujets, du développement professionnel aux hobbies et aux intérêts personnels.

3. **Développer des compétences pratiques :** Identifiez les compétences pratiques que vous aimeriez développer et consacrez du temps à les pratiquer régulièrement. Il peut s'agir d'apprendre une nouvelle langue, d'améliorer les compétences techniques liées à votre travail ou d'explorer de nouveaux passe-temps qui stimulent la pensée créative et analytique.

4. **Participation à des groupes d'étude :** Rejoignez des

groupes d'étude ou des communautés en ligne où vous pourrez partager vos connaissances et vos idées avec d'autres personnes partageant les mêmes intérêts. Cela vous permettra non seulement d'élargir vos connaissances, mais aussi d'avoir des discussions stimulantes et des collaborations fructueuses.

5. **Appliquer les connaissances dans la pratique :** Cherchez des occasions d'appliquer les connaissances que vous avez acquises dans des situations quotidiennes. Il peut s'agir de résoudre des problèmes au travail, de mettre en œuvre de nouvelles stratégies ou idées, ou de trouver des solutions créatives à des défis personnels ou professionnels.

6. **Apprentissage continu et réflexion :** Cultivez l'habitude de l'apprentissage continu et de la réflexion sur vos expériences. Réservez régulièrement du temps pour passer en revue et consolider ce que vous avez appris, identifier les domaines dans lesquels vous pouvez progresser et fixer des objectifs pour votre développement futur.

En pratiquant régulièrement ces exercices, le lecteur élargira non seulement ses connaissances et ses compétences, mais posera également des bases solides pour une réussite personnelle et professionnelle à long terme. N'oubliez pas que le parcours d'apprentissage est continu et que chaque nouvelle découverte et expérience contribue à l'épanouissement personnel et au développement.

CHAPITRE 5

La puissance des partenariats stratégiques

Salomon, l'un des rois les plus sages et les plus prospères de l'histoire, comprenait parfaitement la valeur des partenariats stratégiques dans la poursuite de la richesse et du succès. Dans ce chapitre, nous verrons comment Salomon a utilisé des alliances stratégiques et des collaborations pour accroître sa richesse, en soulignant l'importance des relations interpersonnelles dans la réalisation des objectifs financiers.

1. Les alliances comme source de prospérité :

Salomon, connu pour sa sagesse et sa capacité à gouverner, a profondément compris la valeur des alliances stratégiques en tant que source de prospérité. Par son action, il a démontré que l'établissement de partenariats intelligents non seulement renforce la position d'un dirigeant, mais peut également stimuler la croissance économique et le développement d'une nation.

La Bible nous raconte, dans 1 Rois 10:23-24, comment la renommée de Salomon s'est étendue à toutes les nations environnantes, et comment tous les peuples ont recherché sa présence pour entendre la sagesse que Dieu avait mise dans son cœur. Cette reconnaissance est venue non seulement de sa capacité à prendre des décisions sages, mais aussi de son aptitude à établir des relations stratégiques avec les dirigeants d'autres nations. Salomon avait compris qu'en s'associant avec d'autres nations, il pouvait renforcer l'économie d'Israël par le commerce et l'échange de ressources.

Par exemple, dans 1 Rois 10:28-29, nous apprenons que les navires de Salomon transportaient de l'or, de l'argent, de l'ivoire, des singes et des paons, ce qui témoigne d'un réseau commercial étendu qui a contribué de manière significative à la prospérité d'Israël. Ces alliances commerciales n'ont pas seulement accru la richesse matérielle du royaume, elles ont également favorisé les échanges culturels et l'influence d'Israël dans la région.

Salomon a également reconnu l'importance des alliances politiques pour renforcer sa position en tant que dirigeant. Dans 1 Rois 10:26, nous voyons que Salomon a construit une armée puissante avec l'aide de ses alliés, garantissant ainsi la sécurité et la stabilité du royaume d'Israël. Ces partenariats stratégiques ont non seulement protégé Israël des menaces extérieures, mais ont également permis à Salomon de se concentrer sur le développement interne et de promouvoir le bien-être de son peuple.

Par conséquent, en observant les actions de Salomon, nous apprenons que les partenariats stratégiques ne sont pas seulement un outil utile pour développer les affaires, mais qu'ils sont également fondamentaux pour promouvoir la prospérité mutuelle et le développement durable d'une nation. Tout comme Salomon a utilisé avec sagesse ses relations avec d'autres nations pour renforcer Israël, nous pouvons appliquer ces principes à notre propre vie, en recherchant des alliances intelligentes qui stimulent notre croissance personnelle et professionnelle, tout en contribuant à la réussite et au progrès de ceux qui nous entourent.

2. Sagesse dans le choix des partenaires :

Salomon, le sage roi d'Israël, nous enseigne de précieuses leçons sur la sagesse dans le choix des partenaires. Son approche prudente et sélective révèle non seulement un discernement aigu, mais aussi une compréhension profonde de l'importance d'établir des relations de confiance et d'intégrité. Dans sa recherche de partenaires, Salomon a cherché ceux qui partageaient ses valeurs et ses objectifs, reconnaissant qu'une alliance véritablement productive est fondée sur la confiance mutuelle et l'intégrité.

Dans la Bible, en *Proverbes 13:20,* Salomon nous met en garde : "*Marchez avec les sages et vous serez sages, mais le compagnon des insensés sera malheureux*". Ce passage souligne l'importance de choisir avec soin les personnes que nous fréquentons, car nos partenaires influencent directement notre propre destin. Salomon avait compris que la fréquentation de personnes sages et droites non seulement renforçait notre propre sagesse, mais nous protégeait également des influences néfastes et nous guidait sur le chemin de la prospérité.

En outre, dans *2 Corinthiens 6:14, il nous est* enseigné que : "Ne vous mettez pas sous un joug inégal avec les incrédules : "*Ne vous mettez pas sous un joug inégal avec les incrédules ; car quelle communion y a-t-il entre la justice et l'iniquité, ou entre la lumière et les ténèbres ? Quelle communion y a-t-il entre la justice et l'injustice ? Quelle communion y a-t-il entre la lumière et les ténèbres ?* Ce passage souligne l'importance de choisir des partenaires qui partagent notre foi et nos valeurs morales. Salomon avait compris que des alliances avec des personnes aux principes opposés pouvaient mettre en péril sa propre position et conduire à des conflits préjudiciables.

Par conséquent, en suivant l'exemple de Salomon, nous devrions adopter une approche judicieuse dans le choix de nos partenaires commerciaux et d'investissement. Nous devons rechercher ceux qui font preuve d'intégrité, de fiabilité et d'un engagement commun en faveur de l'éthique des affaires. Ce faisant, nous renforçons nos propres fondations et nous nous assurons que nos partenariats reposent sur des bases solides et durables. Tout comme Salomon a choisi ses partenaires avec sagesse, nous devons également être sélectifs dans nos propres choix, car ceux-ci influenceront directement notre réussite et notre prospérité futures.

3. La collaboration comme catalyseur de l'innovation :

La sagesse de Salomon transcende les générations, et sa vision de la collaboration en tant que catalyseur de l'innovation résonne encore puissamment aujourd'hui. Lorsque nous explorons les enseignements des livres attribués à Salomon, tels que les Proverbes et l'Ecclésiaste, nous découvrons une multitude d'idées qui soulignent l'importance de la collaboration et du partage des connaissances.

Dans le livre des Proverbes, Salomon nous rappelle dans Proverbes *15:22* que "*les projets échouent faute de conseils, mais réussissent lorsque les conseillers sont nombreux*". Ce passage souligne la sagesse qu'il y a à demander l'avis d'autres personnes lors de la prise de décisions importantes. Salomon a compris que la collaboration permettait non seulement d'élargir l'éventail des idées disponibles, mais aussi d'évaluer les options de manière plus complète, ce qui se traduit par des résultats plus fructueux.

En outre, dans les *Proverbes 27:17*, Salomon nous enseigne que "*le fer aiguise le fer, de même un homme en aiguise un autre*". Cette métaphore illustre de manière frappante la façon dont la collaboration peut être un catalyseur de croissance personnelle et professionnelle. En interagissant et en collaborant avec d'autres professionnels et entreprises, nous sommes mis au défi et stimulés pour nous améliorer, en affinant nos compétences et en stimulant notre créativité.

Un autre aspect important se trouve dans le livre de l'Ecclésiaste, où Salomon réfléchit à la nature de la vie et à la recherche de la sagesse. Dans l'*Ecclésiaste 4, 9-10*, il écrit : "*Mieux vaut être deux qu'un, car ils ont un meilleur salaire pour leur travail. Car s'ils tombent, l'un relève son compagnon. Mais malheur à celui qui est seul, car s'il tombe, il n'y a personne pour le relever*". Ces paroles soulignent l'importance de rechercher des partenariats et des collaborations dans nos entreprises. Salomon a compris qu'en travaillant ensemble, nous pouvons surmonter les défis plus facilement et atteindre des résultats qui seraient inaccessibles individuellement.

Tout comme Salomon a encouragé les échanges culturels et intellectuels avec d'autres nations afin d'enrichir sa propre société, nous pouvons nous aussi chercher à collaborer avec des personnes issues de milieux et d'expériences différents. Ce faisant, nous élargissons nos horizons et ouvrons de nouvelles perspectives qui peuvent déboucher sur des solutions innovantes et créatives.

Par conséquent, en suivant l'exemple de Salomon, nous devons valoriser et rechercher activement la collaboration et le partage des connaissances dans le cadre de nos activités. En collaborant avec d'autres professionnels et entreprises, nous tirons parti de la diversité des compétences et des expériences pour générer des solutions véritablement innovantes qui stimulent notre croissance et notre réussite. Puissions-nous nous inspirer de la sagesse de Salomon et rechercher la collaboration comme catalyseur de l'innovation et du progrès dans tous les domaines de notre vie.

4. Renforcement mutuel par la coopération :

Salomon, dans sa sagesse inégalée, a compris que les partenariats stratégiques n'étaient pas seulement une question d'opportunité, mais une source de force et de sécurité mutuelles. En coopérant avec d'autres dirigeants et d'autres nations, il a non seulement élargi ses possibilités, mais il a également construit un réseau de soutien et de solidarité qui a renforcé sa position dans le monde.

Dans les écrits attribués à Salomon, nous trouvons des reflets de cette compréhension dans Proverbes 11:14, où il déclare : "Sans conseil, les projets n'aboutissent à rien, mais avec une multitude de conseillers, ils se confirment : *"Sans conseil, les projets n'aboutissent pas, mais avec une multitude de conseillers, ils se confirment*. Ce passage souligne l'importance de rechercher la coopération et les conseils d'autrui pour assurer le succès de nos entreprises. Salomon a compris qu'en coopérant avec d'autres dirigeants et d'autres nations, il renforçait sa propre position et favorisait la stabilité et la sécurité de son royaume.

Par ailleurs, dans l'Ecclésiaste 4:9-12, Salomon nous rappelle l'importance de la compagnie et du soutien mutuel. Il écrit : "Il vaut mieux être *deux que seul, car on est mieux payé pour son travail. S'ils tombent, l'un relève son compagnon ; mais malheur à celui qui est seul, car s'il tombe, il n'y a personne pour le relever. Si deux personnes dorment ensemble, elles seront réchauffées ; mais si une personne est seule, comment sera-t-elle réchauffée ? Si quelqu'un l'emporte sur l'un, les deux lui résisteront ; la triple corde ne se rompt pas facilement*". Ces mots soulignent l'importance de la coopération et du soutien mutuel pour surmonter les défis et promouvoir la force individuelle et collective.

Tout comme Salomon a cherché à coopérer avec d'autres dirigeants et nations pour renforcer sa position dans le monde, nous pouvons nous aussi cultiver des partenariats solides et collaboratifs pour renforcer nos propres positions sur le marché. En collaborant avec d'autres professionnels et entreprises, non seulement nous élargissons nos possibilités, mais nous favorisons également la stabilité et la sécurité à long terme de nos efforts.

Puissions-nous donc nous inspirer de la sagesse de Salomon et considérer la coopération et la collaboration comme des outils puissants pour renforcer nos positions sur le marché et garantir le succès durable de nos entreprises. En construisant des réseaux de soutien et de solidarité, nous ne profitons pas seulement à nous-mêmes, mais nous contribuons également à promouvoir le bien-être et la prospérité de tous ceux qui nous entourent.

5. Construire des relations durables :

Salomon, avec sa sagesse inégalée, nous a légué une leçon précieuse sur l'établissement de relations durables et de confiance. Il a compris qu'il était essentiel d'investir dans le développement de ces relations pour promouvoir une collaboration continue et parvenir à une croissance et une prospérité mutuelles.

Dans les écrits attribués à Salomon, nous trouvons des reflets de cette compréhension dans Proverbes 18:24, où il nous dit : *"Un homme qui a beaucoup d'amis peut se féliciter, mais un ami est plus proche qu'un frère.* Ce passage souligne l'importance de cultiver des relations solides et authentiques, fondées sur le respect mutuel et la coopération permanente. Salomon a compris qu'en construisant de véritables amitiés et alliances, il posait des bases solides pour une croissance et une prospérité à long terme.

En outre, dans Proverbes 27:9, Salomon nous rappelle le pouvoir de la camaraderie et du soutien mutuel. Il déclare : "Le parfum et l'encens réjouissent le cœur : "Le *parfum et l'encens réjouissent le cœur ; de même, la douceur de l'amitié fortifie l'âme"*. Ces mots soulignent l'importance de cultiver des relations qui apportent de la joie et renforcent l'esprit. Salomon a compris qu'en cultivant des liens d'amitié et de confiance, il favorisait un environnement propice au développement et à l'épanouissement personnel et professionnel.

Tout comme Salomon accordait de l'importance à l'établissement de relations durables et de confiance, nous pouvons nous aussi nous inspirer de sa sagesse et investir dans le développement de ces relations dans notre propre vie. En établissant des relations solides et authentiques avec nos partenaires commerciaux et nos collaborateurs, nous créons une base solide pour une croissance et une prospérité mutuelles.

L'histoire de Salomon nous rappelle le pouvoir des partenariats stratégiques dans la poursuite de la richesse et du succès. En nous inspirant de ses pratiques et de ses principes, nous pouvons cultiver des relations interpersonnelles qui stimulent nos entreprises et nous conduisent à la réalisation de nos objectifs financiers. Puissions-nous suivre son exemple, en recherchant la collaboration, la sagesse et l'intégrité dans toutes nos relations professionnelles et personnelles.

Pour mettre en pratique les enseignements tirés du chapitre

sur la force des partenariats stratégiques, le lecteur peut effectuer les exercices suivants :

1. **Identifier les partenaires potentiels :** Dressez une liste de partenaires commerciaux potentiels, en tenant compte de vos domaines d'expertise, de vos valeurs commerciales et de vos objectifs communs. Recherchez des entreprises ou des professionnels qui peuvent compléter vos compétences et vos ressources, et identifiez les moyens d'établir une collaboration mutuellement bénéfique.

2. **Travailler en réseau et nouer des relations :** Participez à des événements de mise en réseau, des séminaires ou des conférences liés à votre domaine d'expertise afin de rencontrer de nouvelles personnes et d'établir des liens significatifs. Prenez le temps d'établir des relations solides et authentiques avec des partenaires potentiels, en montrant un intérêt réel pour leurs activités et en leur offrant un soutien mutuel dans la mesure du possible.

3. **Négocier et établir des partenariats :** Exercez vos compétences en matière de négociation lorsque vous établissez des partenariats stratégiques, en veillant à ce que les conditions soient justes et équitables pour les deux parties concernées. Soyez ouvert aux compromis et aux ajustements, mais défendez également vos intérêts et vos objectifs commerciaux au cours du processus de négociation.

4. **Collaboration à des projets communs :** Recherchez des occasions de collaborer à des projets communs avec vos partenaires, en partageant les ressources, les connaissances et l'expérience pour atteindre des objectifs communs. Travaillez en équipe pour élaborer des solutions innovantes et créatives qui profitent à toutes les parties concernées et favorisent la croissance mutuelle.

5. **Évaluer et entretenir les partenariats :** Évaluez réguliè-

rement les progrès et l'impact de vos partenariats stratégiques, en identifiant les domaines de réussite et les possibilités d'amélioration. Maintenez une communication ouverte et transparente avec vos partenaires, en résolvant les conflits ou les difficultés qui surviennent en cours de route et en veillant à ce que les relations restent solides et productives.

6. **Retour d'information et apprentissage continu :** Cherchez à obtenir régulièrement un retour d'information de la part de vos partenaires et de vos coéquipiers, en vous inspirant de leurs perspectives et de leurs expériences pour apprendre et vous développer. Soyez ouvert à la critique constructive et utilisez-la comme une opportunité d'amélioration personnelle et professionnelle.

En pratiquant régulièrement ces exercices, les lecteurs renforceront leurs compétences en matière de collaboration et établiront des relations stratégiques qui favoriseront la réussite de leurs entreprises et de leurs projets personnels. N'oubliez pas que des partenariats efficaces sont essentiels à la croissance et à la prospérité à long terme, et qu'investir dans ces partenariats est un pas important vers la réalisation de vos objectifs financiers et professionnels.

CHAPITRE 6

Le pouvoir de la discipline et de la maîtrise de soi

Salomon, connu pour sa sagesse et son discernement, nous a légué de précieux enseignements sur le pouvoir de la discipline et de la maîtrise de soi dans nos finances. Dans ses propres expériences, il a fait preuve d'une capacité exceptionnelle à résister à la tentation et à maintenir l'équilibre dans ses choix financiers. Dans ce chapitre, nous verrons comment appliquer ces principes dans notre propre vie, à l'aide d'exemples bibliques et de réflexions inspirées de la vie de Salomon.

La discipline et la maîtrise de soi sont essentielles pour garantir une vie financière saine et prospère. Dans les Proverbes 25:28, Salomon nous enseigne qu'*"un homme qui n'a pas la maîtrise de soi est comme une ville détruite sans murailles"*.

Cette métaphore puissante utilisée par Salomon **dans Proverbes 25:28** nous offre une image vivante et percutante de l'importance de la maîtrise de soi dans nos vies financières. En comparant un homme sans maîtrise de soi à une ville qui a été renversée, Salomon nous invite à réfléchir aux conséquences dévastatrices qu'un manque de discipline peut avoir sur nos finances.

Tout comme une ville sans murs est vulnérable aux attaques et aux invasions, une personne qui ne maîtrise pas ses finances est exposée à des impulsions néfastes qui peuvent conduire à la ruine financière. Sans un cadre solide de discipline et de contrôle, nous sommes susceptibles de dépenser trop, de nous endetter de manière incontrôlée et de prendre des décisions financières impulsives, ce qui peut miner notre stabilité financière et mettre en péril notre bien-être futur.

Les "murs" mentionnés par Salomon représentent la protection et la sécurité que la maîtrise de soi apporte à nos finances. Ils constituent la barrière qui nous sépare des tentations et des impulsions momentanées qui peuvent nous détourner du chemin de la stabilité et de la prospérité financières. Tout comme les murs d'une ville protègent ses habitants des dangers extérieurs, la maîtrise de soi nous protège des pièges financiers qui peuvent menacer notre sécurité économique.

Le message de Salomon est clair : pour construire une vie financière saine et prospère, il est essentiel de renforcer nos "murs" de maîtrise de soi et de discipline. Nous devons apprendre à maîtriser nos impulsions, à dépenser avec modération et à prendre des décisions financières conscientes et réfléchies. Ce n'est qu'ainsi que nous pourrons protéger nos finances des dangers qui les menacent et nous assurer un avenir financier solide et sûr.

Un exemple frappant du pouvoir de la discipline et de la maîtrise de soi dans la vie de Salomon se trouve dans **1 Rois 3:3-14**, lorsque Dieu lui a offert tout ce qu'il voulait dans un rêve. Au lieu de demander la richesse ou la réussite matérielle, Salomon a choisi de demander la sagesse pour gouverner le peuple d'Israël avec justice et discernement. L'épisode mentionné dans 1 Rois 3:3-14 révèle l'une des plus remarquables manifestations de discipline et de maîtrise de soi dans la vie de Salomon. Dans ce récit, Dieu apparaît à Salomon dans un rêve et lui offre la possibilité de demander tout ce qu'il veut. Au lieu de succomber à la tentation de demander la richesse, le pouvoir ou la célébrité, Salomon fait preuve d'une sagesse remarquable en demandant à Dieu le discernement et la capacité de gouverner le peuple d'Israël avec justice.

Ce choix reflète la profonde compréhension qu'a Salomon des priorités réellement importantes dans la vie. Au lieu de rechercher uniquement des avantages personnels immédiats, il reconnaît la responsabilité et l'importance de diriger son peuple avec sagesse et discernement. En faisant cette demande, Salomon démontre sa capacité à résister à la tentation de satisfaire ses désirs égoïstes en faveur d'un objectif plus grand et plus noble.

Ce récit met en évidence la capacité de Salomon à contrôler ses impulsions et ses désirs, en donnant la priorité au bien-être et aux intérêts collectifs plutôt qu'aux siens propres. C'est un exemple frappant du pouvoir de la discipline et de la maîtrise de soi dans la prise de décisions qui reflètent des valeurs plus élevées et contribuent au bien commun.

Le choix de Salomon de demander la sagesse plutôt que la richesse ou la puissance matérielle nous rappelle avec force l'importance de la discipline et de la maîtrise de soi dans notre propre vie. En donnant la priorité à ce qui est vraiment important et en résistant à la tentation de satisfaire nos désirs immédiats, nous pouvons obtenir des résultats plus significatifs et plus durables, tant pour nous-mêmes que pour ceux qui nous entourent.

L'avertissement de Salomon dans l'**Ecclésiaste 5:10** offre une réflexion profonde sur les dangers de la poursuite effrénée de la richesse. En déclarant que *"celui qui aime l'argent n'en aura jamais assez, celui qui aime la richesse ne sera jamais satisfait de ses revenus"*, Salomon nous met en garde contre les conséquences d'une avidité incontrôlée et d'une obsession pour l'accumulation de biens matériels.

Ces mots nous rappellent que même lorsque nous atteignons un certain niveau de réussite financière, la poursuite incessante d'une plus grande richesse peut nous enfermer dans un cycle sans fin d'insatisfaction et d'avidité. Ceux qui placent l'amour de l'argent au-dessus de tout ne seront jamais vraiment satisfaits, car ils sont constamment à la poursuite d'un bonheur illusoire basé sur la possession de biens matériels.

Salomon nous avertit que la poursuite effrénée de la richesse peut nous entraîner dans une spirale d'insatisfaction et de malheur si nous ne faisons pas preuve de discipline et de maîtrise de soi à l'égard de nos désirs et de nos impulsions financières. En nous laissant dominer par la cupidité, nous courons le risque de sacrifier notre paix intérieure, nos relations et même notre santé physique et émotionnelle à la recherche d'un bonheur superficiel et éphémère.

Les paroles de Salomon nous rappellent avec force l'importance de cultiver une relation saine et équilibrée avec l'argent et la richesse. Nous devons apprendre à valoriser ce qui compte vraiment dans la vie et à exercer discipline et maîtrise de soi sur nos désirs et nos impulsions financières, en recherchant une source plus profonde de satisfaction et d'épanouissement qui va au-delà des possessions matérielles. Ce faisant, nous pouvons trouver la paix et le bonheur véritables dans notre vie, quelles que soient les circonstances extérieures.

Par conséquent, afin d'appliquer les enseignements de Salomon sur le pouvoir de la discipline et de la maîtrise de soi dans nos propres vies, nous devons adopter des pratiques telles que :

1. **Établissez un budget clair et réaliste et respectez-le avec discipline** : Un budget bien planifié est la base d'une vie financière saine. En fixant des objectifs clairs et réalistes pour vos dépenses et vos revenus, vous pouvez avoir une vision claire de vos finances et identifier les domaines dans lesquels vous pouvez économiser ou investir. Toutefois, il ne suffit pas d'établir un budget. Il est essentiel de le respecter avec discipline, en surveillant vos dépenses et en procédant à des ajustements si nécessaire. Cela demande de l'engagement et de la maîtrise de soi pour résister à la tentation de dépenser plus que prévu.

2. **Évitez les dépenses impulsives et inutiles en faisant preuve de maîtrise de soi lorsque vous prenez des décisions financières** : Les dépenses impulsives peuvent rapidement mettre à mal votre budget et compromettre vos objectifs financiers. Il est important de faire preuve de maîtrise de soi lors de la prise de décisions

financières, en évaluant soigneusement la nécessité et la valeur de chaque achat avant de le faire. Avant de faire un achat impulsif, demandez-vous si vous en avez vraiment besoin ou si ce n'est qu'une envie passagère. Prendre l'habitude de réfléchir avant de dépenser peut vous aider à éviter les regrets financiers à l'avenir.

3. **Privilégiez les investissements qui génèrent des rendements durables à long terme, plutôt que de rechercher des gains rapides et risqués** : Lorsque vous investissez votre argent, il est important de garder à l'esprit vos objectifs financiers à long terme. Au lieu de rechercher des gains rapides et risqués, donnez la priorité aux investissements qui offrent des rendements durables et constants au fil du temps. Cela peut inclure la diversification de votre portefeuille d'investissement, l'allocation à des actifs dont les performances ont été prouvées et le maintien d'une approche d'investissement disciplinée et à long terme. N'oubliez pas que l'investissement est un marathon, pas un sprint.

4. **Cultiver des habitudes d'économie et de modération, éviter le gaspillage et vivre selon ses moyens** : L'économie et la modération sont essentielles pour garantir une vie financière saine et durable. Il s'agit d'éviter le gaspillage, de n'acheter que ce qui est nécessaire et de chercher des moyens d'économiser sur les dépenses quotidiennes. En outre, il est important de vivre selon nos moyens, en évitant l'endettement excessif et en cherchant à maintenir un style de vie compatible avec nos revenus. Cultiver des habitudes d'économie et de modération peut vous aider à atteindre vos objectifs financiers et à construire un avenir plus sûr et plus stable.

En suivant ces pratiques et en nous inspirant des enseignements de Salomon, nous pouvons cultiver un état d'esprit de discipline et de maîtrise de soi dans nos finances, assurant ainsi une base solide pour construire une vie financière prospère et équilibrée. Puissions-nous nous inspirer de la sagesse de Salomon et appliquer ces principes à notre propre vie, afin de trouver la paix et le contentement dans nos finances.

CHAPITRE 7

Vision et planification pour l'avenir

Dans le septième chapitre, nous explorerons l'importance de la prévoyance et de la planification pour atteindre la réussite financière. Inspirés par la sagesse de Salomon, nous apprendrons comment l'anticipation et la préparation aux défis financiers peuvent être cruciales pour assurer la stabilité et la prospérité.

La vision de l'avenir de Salomon :

La capacité de Salomon à anticiper les défis futurs et à se préparer en conséquence est une leçon précieuse que nous pouvons appliquer à notre vie, en particulier dans le domaine financier. **Dans Proverbes 27:12**, Salomon nous enseigne que *"les prudents voient le mal et se cachent, mais les simples passent et subissent le châtiment"*. Ce passage souligne l'importance de la prudence et de la prévoyance face à l'adversité qui peut survenir dans notre parcours financier.

Lorsque nous parlons de "voir le mal", il ne s'agit pas seulement de craindre le pire, mais de reconnaître les dangers et les défis qui pourraient survenir dans nos finances. Il s'agit d'être conscient des fluctuations du marché, de l'évolution de la situation économique, des risques liés aux investissements et même des difficultés personnelles qui peuvent affecter nos finances, comme le chômage, la maladie ou les urgences familiales.

Dans ce contexte, "se cacher" ne signifie pas fuir ou éviter les défis, mais plutôt se préparer de manière adéquate à y faire face.

Cela implique de prendre des mesures préventives, telles que la création d'une réserve d'urgence, la diversification des investissements, l'évitement des dettes inutiles et le maintien d'une planification financière solide et flexible.

D'autre part, les "simplets" sont ceux qui négligent ou sous-estiment les défis financiers, agissant de manière impulsive ou imprudente. Ils peuvent ignorer les signes avant-coureurs, prendre des décisions irréfléchies ou dépenser au-delà de leurs moyens, ce qui les place dans une situation vulnérable et les expose à des difficultés financières.

La leçon de Salomon nous rappelle l'importance de cultiver la prudence et la prévoyance dans nos finances. En étant attentifs aux défis et en nous préparant de manière adéquate, nous pouvons minimiser les risques et affronter les obstacles avec plus de sécurité et de confiance, ce qui nous assure une trajectoire financière plus solide et plus stable.

En outre, **dans l'Ecclésiaste 10:10**, Salomon nous avertit que "*si l'outil est émoussé et n'a pas été aiguisé, il faut plus de force, mais la sagesse résout le problème*". Ce passage biblique de l'Ecclésiaste 10:10 nous offre une leçon importante sur la nécessité d'être préparé et bien équipé pour faire face aux défis financiers de notre vie. En comparant un outil émoussé et mal entretenu à la nécessité de déployer davantage d'efforts pour accomplir une tâche simple, Salomon souligne l'importance de la sagesse et de la préparation pour résoudre les problèmes financiers.

Tout comme un outil non affûté nécessite plus d'efforts pour remplir sa fonction, faire face à des défis financiers sans une préparation adéquate peut entraîner des difficultés supplémentaires. Le manque de connaissances, de planification et de préparation adéquate peut conduire à de mauvaises décisions et à des actions inefficaces, ce qui rend plus difficile la réalisation de nos objectifs financiers et le franchissement des obstacles.

D'autre part, la sagesse nous permet de résoudre les problèmes financiers de manière plus efficace et efficiente. En étant bien équipés en connaissances financières, en compétences de gestion et en planification adéquate, nous sommes en mesure d'affronter les défis avec confiance et de trouver des solutions qui nous permettent de surmonter l'adversité.

Le message de Salomon nous rappelle donc l'importance d'investir dans notre développement personnel et financier, de rechercher constamment la sagesse et d'acquérir les compétences nécessaires pour relever les défis qui peuvent se présenter au cours de notre parcours financier. En étant préparés et bien équipés, nous pouvons relever les défis avec détermination et atteindre le succès financier auquel nous aspirons.

La nécessité de planifier :

L'enseignement de Salomon sur l'importance de la planification financière est extrêmement pertinent aujourd'hui. Dans Proverbes 21:5, il nous rappelle que "les plans bien conçus mènent à l'abondance, mais les gens pressés finissent toujours par tomber dans la pauvreté". Ce passage met l'accent sur la nécessité d'une planification soigneuse et réfléchie avant de prendre une décision financière. En agissant à la hâte et sans tenir compte des conséquences, nous courons le risque d'être confrontés à des difficultés financières et même de nous retrouver dans la pauvreté.

Salomon nous met en garde contre les dangers d'agir de manière impulsive, sans tenir compte des conséquences possibles de nos décisions. Les décisions financières prises sans plan solide peuvent entraîner des dépenses excessives, des dettes inutiles et des investissements risqués, mettant en péril notre stabilité financière et notre qualité de vie.

D'un autre côté, en élaborant des plans stratégiques bien pensés, nous pouvons orienter nos ressources de manière efficace et maximiser nos chances de réussite financière. Une planification minutieuse nous permet de fixer des objectifs clairs, d'identifier les possibilités de croissance et de développement, et d'anticiper les défis et les obstacles éventuels qui se présenteront en cours de route.

Ainsi, en suivant les conseils de Salomon, nous réalisons que la planification financière est essentielle si nous voulons atteindre nos objectifs financiers et concrétiser nos visions de l'avenir. En consacrant du temps et des efforts à l'élaboration de plans bien structurés et réfléchis, nous augmentons considérablement nos chances de prospérité et évitons les dangers de l'improvisation et de l'impulsivité. En fin de compte, la planification nous permet de prendre en charge notre vie financière et de construire un avenir plus sûr et plus prospère.

Salomon nous offre également un enseignement précieux sur l'importance de rechercher des conseils avisés lorsque nous planifions nos finances. Dans **Proverbes 15:22**, il déclare que *"les projets échouent faute de conseils, mais ils réussissent quand il y a beaucoup de conseillers"*. Ce passage souligne l'importance de reconnaître nos limites et de faire appel à la sagesse d'autrui lors de l'élaboration de nos plans financiers.

En demandant conseil et orientation à des personnes expérimentées et dignes de confiance, nous élargissons nos horizons et ajoutons des perspectives différentes à notre prise de décision. Cela nous permet de voir au-delà de nos propres limites et d'envisager des aspects auxquels nous n'aurions peut-être pas pensé au départ. De plus, en écoutant des opinions différentes, nous pouvons identifier les pièges potentiels, éviter les erreurs courantes et trouver des solutions plus efficaces à nos problèmes financiers.

Ainsi, en suivant le conseil de Salomon, nous réalisons que nous ne devons pas hésiter à faire appel à la sagesse d'autrui lorsque nous planifions nos finances. Consulter des conseillers, des mentors, des experts ou des personnes de confiance peut nous apporter des informations précieuses et nous aider à prendre des décisions plus éclairées et plus judicieuses concernant notre avenir financier.

En combinant nos propres connaissances et expériences avec les conseils et l'orientation d'autres personnes, nous sommes mieux préparés à relever les défis financiers et à atteindre nos objectifs. Cette approche nous permet de tirer le meilleur parti de nos ressources et nous guide vers une vie financière plus stable, plus prospère et plus satisfaisante.

Appliquer les enseignements de Salomon :

Pour appliquer les enseignements de Salomon sur la prévoyance et la planification à notre propre vie, il est essentiel de suivre quelques étapes fondamentales :

1. **Définir des objectifs clairs et réalisables :** Tout d'abord, il est essentiel d'identifier vos objectifs financiers à court, moyen et long terme. Fixez-vous des objectifs précis et mesurables, tels que l'épargne retraite, le remboursement des dettes, l'achat d'une maison ou les voyages. Une fois que vous avez des objectifs clairs en tête, vous pouvez élaborer un plan stratégique pour les atteindre de manière cohérente.

2. **Établissez un budget détaillé :** Ensuite, il est important d'établir un budget réaliste qui tienne compte de vos revenus, de vos dépenses et de vos objectifs financiers. Dressez la liste de toutes vos sources de revenus et de toutes vos dépenses mensuelles, y compris les dépenses essentielles telles que le logement, la nourriture et le transport, ainsi que les dépenses discrétionnaires telles que les divertissements et les loisirs. En surveillant de près vos flux de trésorerie, vous serez en mesure d'identifier les domaines dans lesquels vous pouvez faire des économies et orienter vos ressources vers vos objectifs financiers prioritaires.

3. **Anticiper les obstacles éventuels : Il** est essentiel d'anticiper les défis financiers qui peuvent se présenter à vous et d'élaborer des stratégies pour y faire face efficacement. Il peut s'agir de créer un fonds d'urgence pour les dépenses imprévues, de mettre en place un plan

d'urgence en cas de perte d'emploi ou de maladie, ou encore de rechercher d'autres sources de revenus pour compléter votre source principale. En prévoyant l'imprévu, vous serez mieux préparé à faire face aux difficultés financières qui pourraient survenir.

4. **Cherchez à obtenir des conseils et des avis éclairés** : N'hésitez pas à demander conseil à des experts financiers ou à des personnes expérimentées en matière de gestion financière. Les professionnels tels que les conseillers financiers, les comptables et les planificateurs financiers peuvent vous offrir des conseils personnalisés en fonction de votre situation spécifique et vous aider à prendre des décisions plus éclairées et plus judicieuses en ce qui concerne votre planification financière. En outre, des discussions avec des membres de votre famille, des amis ou des collègues qui ont de l'expérience dans le domaine financier peuvent également vous apporter des informations précieuses et des perspectives utiles pour votre planification financière.

En suivant ces étapes et en appliquant les enseignements de Salomon sur la prévoyance et la planification à votre vie financière, vous serez sur la bonne voie pour atteindre vos objectifs financiers et construire un avenir plus sûr, plus prospère et plus satisfaisant.

CHAPITRE 8

La diversification comme stratégie de protection

La diversification des investissements et des sources de revenus est une stratégie essentielle pour protéger nos ressources financières et atténuer les risques liés à la volatilité des marchés et à l'incertitude économique. Salomon, dans sa sagesse, nous enseigne l'importance de cette pratique, en soulignant la nécessité de ne pas mettre tous nos œufs dans le même panier.

Salomon nous avertit de l'importance de la diversification dans l'**Ecclésiaste 11:2,** lorsqu'il dit *: "Donnez une part à sept, et même à huit, car vous ne savez pas quel malheur peut arriver sur la terre".* Ce conseil nous rappelle le caractère imprévisible de la vie et des marchés financiers. En répartissant nos investissements sur plusieurs domaines, nous protégeons nos actifs contre d'éventuelles catastrophes ou crises dans un secteur spécifique.

Par exemple, si nous n'investissons que dans les actions d'une seule société ou dans un seul secteur de l'économie et qu'une récession survient dans ce secteur, nous pourrions subir des pertes financières importantes. En revanche, si *nous diversifions nos investissements dans différentes classes d'actifs*, telles que les actions, les obligations et les fonds immobiliers, et dans des secteurs économiques variés, tels que la technologie, la santé et l'énergie, nous pouvons réduire l'impact négatif d'événements défavorables dans un domaine spécifique.

En outre, en *diversifiant nos investissements dans différentes régions géographiques*, nous réduisons le risque associé à des événements spécifiques dans un seul endroit. Par exemple, si un pays est confronté à une instabilité politique ou économique, des investissements dans d'autres régions peuvent compenser les pertes.

En suivant les conseils de Salomon et en diversifiant nos investissements dans différentes classes d'actifs, secteurs économiques et régions géographiques, nous construisons une base solide pour notre portefeuille financier. Cela nous permet d'affronter avec plus d'assurance les défis et les incertitudes que la vie et les marchés financiers peuvent nous réserver, augmentant ainsi nos chances d'obtenir des rendements réguliers au fil du temps.

De même, dans les **Proverbes 24:27,** Salomon nous conseille : *"Prépare ton travail à l'extérieur et fais-le fructifier dans les champs ; puis bâtis ta maison".* Ce passage souligne l'importance de développer plusieurs sources de revenus et de ne pas dépendre exclusivement d'une seule source pour assurer notre subsistance et notre mode de vie. En diversifiant nos sources de revenus, nous sommes moins vulnérables aux événements inattendus, tels que la perte d'un emploi ou la faillite d'une entreprise.

Par conséquent, en suivant les enseignements de Salomon, nous devrions considérer la diversification comme la pierre angulaire de notre stratégie financière. Il s'agit non seulement de diversifier nos investissements dans différents actifs, tels que les actions, les obligations, l'immobilier et les matières premières, mais aussi de diversifier nos sources de revenus en explorant les possibilités de travail supplémentaire, d'entrepreneuriat ou d'investissement dans des projets parallèles.

En adoptant une approche diversifiée de nos finances, nous pouvons construire une base solide pour notre avenir financier et protéger nos ressources contre les hauts et les bas du marché. La diversification permet non seulement de maximiser les rendements potentiels, mais aussi de disposer d'un filet de sécurité financière qui nous permet de faire face aux défis avec confiance et résilience.

Voici quelques exercices pratiques permettant au lecteur de

mettre en pratique les enseignements sur la diversification financière présentés dans le chapitre :

1. **Évaluation des portefeuilles d'investissement :**
   - Analysez votre portefeuille d'investissement actuel et déterminez s'il est excessivement concentré sur une seule classe d'actifs (par exemple, les actions) ou sur un secteur spécifique de l'économie. Si nécessaire, ajustez votre allocation d'actifs pour inclure une variété de classes d'investissement, telles que les actions, les obligations, les fonds immobiliers, etc.

2. **Explorer de nouvelles possibilités d'investissement :**
   - Recherchez et étudiez les différentes options d'investissement disponibles, en tenant compte non seulement du rendement potentiel, mais aussi du niveau de risque et de la corrélation avec vos investissements existants. Essayez de diversifier votre portefeuille en investissant dans des actifs qui présentent des comportements différents par rapport au marché.

3. **Développement de sources de revenus supplémentaires :**
   - Identifiez les possibilités de diversification de vos sources de revenus, telles que le travail en free-lance, la consultance, la location de biens immobiliers ou l'entrepreneuriat. Cherchez des moyens de rentabiliser vos compétences et vos connaissances dans des domaines qui complètent votre activité principale.

4. **Création d'un fonds d'urgence :**
   - Mettez de côté une partie de vos ressources pour créer un fonds d'urgence destiné à couvrir vos dépenses essentielles pendant une pé-

riode déterminée (par exemple, de six mois à un an). Ce fonds peut vous aider à faire face à des événements financiers imprévus sans avoir à recourir à des investissements à long terme.

5. **Révision et ajustement périodiques :**
   - Prenez l'habitude de revoir régulièrement votre portefeuille d'investissements et vos sources de revenus pour vous assurer qu'ils restent conformes à vos objectifs financiers et à votre tolérance au risque. Effectuez les ajustements nécessaires pour maintenir une diversification adéquate et maximiser vos chances de réussite financière à long terme.

En réalisant ces exercices pratiques, les lecteurs seront en mesure d'appliquer les principes de la diversification financière dans leur propre vie et de renforcer leur position financière, en réduisant les risques et en augmentant les opportunités de croissance et de prospérité.

CHAPITRE 9

Justice et éthique dans l'entreprise

L'éthique et l'équité dans les affaires sont fondamentales non seulement pour la réussite financière, mais aussi pour l'établissement de relations durables et d'une solide réputation. Solomon nous offre un éclairage précieux sur ce sujet, en soulignant l'importance de l'intégrité et de l'équité dans les transactions commerciales.

Dans Proverbes 16:11, Salomon nous rappelle que *"la balance et le poids de la justice sont à l'Éternel ; tous les poids du sac sont de son fait".* Salomon nous rappelle l'importance de la justice et de l'honnêteté dans toutes nos transactions commerciales. En mentionnant "la balance et le poids de la justice sont à l'Éternel", il souligne que la justice dans les affaires n'est pas seulement une question de commodité ou de pratique commerciale, mais quelque chose qui reflète les principes divins. Cela signifie que nous devons agir de manière honnête et impartiale dans nos relations commerciales, parce que nous agissons conformément à la volonté de Dieu.

Lorsque nous pratiquons l'équité dans les affaires, nous remplissons non seulement une obligation éthique, mais nous renforçons également la confiance de nos clients et de nos partenaires commerciaux. L'honnêteté et l'impartialité sont essentielles à l'établissement de relations solides et durables, indispensables à la réussite à long terme de toute entreprise commerciale. Les clients font confiance aux entreprises et aux entrepreneurs qui agissent avec intégrité, car ils savent qu'ils seront traités avec équité et honnêteté dans toutes les transactions.

En outre, lorsque nous pratiquons l'équité dans les affaires, nous contribuons à un environnement commercial plus éthique et plus durable. L'honnêteté et l'impartialité créent un environnement de confiance et de respect mutuel, où toutes les personnes impliquées se sentent valorisées et respectées. Cela profite non seulement à chaque entreprise, mais contribue également au développement d'une communauté d'affaires plus saine et plus prospère.

En suivant les enseignements de Salomon et en recherchant la justice dans les affaires, nous n'agissons pas seulement selon les principes divins, mais nous construisons également des fondations solides pour le succès à long terme de nos entreprises. L'honnêteté et l'impartialité sont des valeurs essentielles qui devraient guider toutes nos activités commerciales, car elles nous permettent de gagner la confiance et le respect de ceux avec qui nous faisons des affaires.

Salomon nous met également en garde contre les dangers de la malhonnêteté et de l'injustice dans les affaires. Dans Proverbes 11:1, il nous rappelle que "les balances fausses sont en abomination à l'Éternel, mais le poids juste fait ses délices". Cela nous montre qu'agir de manière malhonnête ou injuste ne nuit pas seulement aux autres, mais déplaît également à Dieu, ce qui peut avoir des conséquences négatives sur nos vies et nos entreprises.

Afin d'appliquer les enseignements de Salomon sur l'éthique et la justice dans les affaires, il est essentiel d'intégrer ces principes dans tous les domaines de nos activités professionnelles. Voici quelques pratiques que nous pouvons adopter pour suivre ces enseignements :

1. **Pratiquer l'honnêteté et la transparence dans toutes nos transactions commerciales** : Il s'agit d'être transparent sur les produits ou services offerts, les prix, les politiques de retour et toute autre information pertinente pour les clients. Nous devons éviter toute forme de

tromperie ou de manipulation et respecter pleinement nos engagements.

2. **Traiter toutes les parties prenantes avec respect et équité** : Reconnaître les droits et les besoins de toutes les parties concernées par nos activités, y compris les clients, les fournisseurs, les employés et la communauté en général. Nous devons entretenir des relations commerciales fondées sur l'équité et le respect mutuel, en veillant à ce que chacun soit traité de manière juste et équitable.

3. **Donner la priorité à la qualité et à la satisfaction du client plutôt qu'au profit immédiat** : Au lieu de nous concentrer uniquement sur les profits à court terme, nous devrions concentrer nos efforts sur la fourniture de produits ou de services de haute qualité qui répondent aux besoins et aux attentes des clients. Cultiver des relations à long terme avec les clients, basées sur la confiance et l'intégrité, est fondamental pour le succès durable de toute entreprise.

4. **Être prêt à corriger toute erreur ou injustice commise** : reconnaître que nous avons commis des erreurs ou agi de manière injuste et être prêt à corriger ces situations est essentiel pour maintenir l'intégrité et la réputation de notre entreprise. Il s'agit notamment d'assumer la responsabilité de nos actes, de présenter des excuses si nécessaire et de prendre des mesures pour que les erreurs ne se répètent pas à l'avenir.

En adoptant ces pratiques dans nos activités, nous ne suivons pas seulement les enseignements de Salomon sur l'éthique et la justice, mais nous construisons également une base solide pour le succès durable de nos entreprises. L'éthique dans les affaires n'est pas seulement une question de moralité, elle est aussi fondamentale pour construire des relations solides, gagner la confiance des clients et assurer la longévité et la prospérité de nos entre-

ARTHUR RIQUELME

prises.

CHAPITRE 10

Gratitude et reconnaissance

La pratique de la gratitude et de la reconnaissance joue un rôle fondamental pour attirer plus d'abondance dans nos vies. Salomon nous enseigne dans **Proverbes 3:9-10** que *"Honore le Seigneur par tes biens et par les prémices de toutes tes récoltes ; tes greniers seront remplis d'abondance, et tes cuves déborderont de vin"*. Ce passage biblique, Proverbes 3:9-10, nous enseigne l'importance d'honorer le Seigneur avec nos biens et avec les premières récoltes de nos revenus. En consacrant nos ressources et nos revenus à Dieu, nous montrons notre gratitude et notre appréciation pour tout ce qu'il nous a donné. Cette attitude d'honneur et de générosité ne reflète pas seulement notre foi et notre dévotion, mais nous relie également à la source de toute abondance et de toute prospérité.

En honorant le Seigneur avec nos biens, nous reconnaissons que tout ce que nous avons vient de Lui et que nous ne sommes que des intendants temporaires de ces ressources. Cette prise de conscience nous conduit à gérer nos biens de manière responsable et sage, en cherchant à utiliser nos ressources d'une manière qui glorifie Dieu et profite à ceux qui nous entourent.

La promesse que "vos greniers seront remplis d'abondance, et vos cuves déborderont de vin" nous rappelle que Dieu est un Dieu d'abondance et qu'il récompense la fidélité et la générosité de ses serviteurs. En honorant Dieu avec nos biens, il promet de répondre à tous nos besoins et de nous bénir abondamment.

Ce passage nous enseigne également l'importance de donner la priorité à Dieu dans nos finances. En lui donnant les prémices de nos revenus, nous reconnaissons sa souveraineté et donnons la priorité à son œuvre dans notre vie. Cette attitude de priorité spirituelle dans nos finances nous aide à maintenir une perspective équilibrée et à éviter que l'argent ne devienne une idole dans notre vie.

Par conséquent, ce passage nous encourage à cultiver une attitude de gratitude, de générosité et de confiance en Dieu dans tous les domaines de notre vie, y compris nos finances. En honorant le Seigneur avec nos biens et nos premiers fruits, nous pouvons expérimenter son abondante provision et vivre dans la prospérité selon sa volonté.

En pratiquant la gratitude, nous cultivons un état d'esprit d'abondance et d'appréciation de ce que nous avons, plutôt que de nous concentrer sur ce qui nous manque. Cela nous place dans un état d'esprit positif et réceptif, qui attire davantage de bénédictions et d'opportunités dans notre vie. Salomon a illustré cette attitude de gratitude dans sa propre vie, en reconnaissant la bonté de Dieu et les bénédictions dont il a bénéficié.

De plus, dans l'**Ecclésiaste 5:19**, Salomon nous rappelle *que "celui à qui Dieu a donné des richesses et des biens, et le pouvoir d'en jouir, de recevoir sa part et de se réjouir de son travail, c'est là un don de Dieu"*. Ce passage de l'Ecclésiaste 5:19 nous rappelle l'importance de reconnaître et d'apprécier les bénédictions que nous recevons de Dieu. Salomon souligne que les richesses, les possessions et le pouvoir dont nous jouissons ne sont pas simplement le fruit de nos efforts ou de nos compétences, mais qu'ils sont un don gracieux de Dieu.

En reconnaissant que tout ce que nous avons est un don de Dieu, nous sommes amenés à cultiver une attitude de gratitude dans notre vie. Cela signifie que nous ne devons pas considérer les bénédictions de Dieu comme allant de soi, mais plutôt les apprécier et en jouir avec humilité et gratitude.

De plus, Salomon nous rappelle que c'est un privilège de recevoir nos portions et de nous réjouir de notre travail. Cela nous apprend que le travail n'est pas seulement un moyen de gagner de l'argent ou de réussir, mais aussi une occasion de *glorifier Dieu et de trouver de la joie dans notre service.*

Lorsque nous reconnaissons que tout ce que nous avons vient de Dieu, nous sommes incités à être de bons intendants de nos ressources et à les utiliser d'une manière qui l'honore et profite aux autres. Cela implique de pratiquer la générosité, de partager ce que nous avons avec ceux qui sont dans le besoin et de contribuer au bien commun.

Ce passage nous rappelle donc l'importance de cultiver un état d'esprit de gratitude et de générosité à l'égard des bénédictions que nous recevons de Dieu. En reconnaissant que tout ce que nous avons est un don de sa bonté, nous sommes motivés pour vivre une vie de générosité, de satisfaction et de service.

En pratiquant la gratitude et la reconnaissance dans notre vie, nous cultivons non seulement un état d'esprit d'abondance, mais nous renforçons également notre relation avec Dieu et les autres autour de nous. Reconnaître et remercier pour les bénédictions que nous recevons nous permet de rester connectés à la source de toute bonté et nous aide à cultiver des relations plus profondes et plus significatives avec ceux qui nous entourent.

Pour appliquer les enseignements de Salomon sur la gratitude et la reconnaissance à notre propre vie, nous pouvons adopter les pratiques suivantes :

1. **Tenez un journal de gratitude** : Prenez le temps de réfléchir chaque jour aux bienfaits de votre vie et notez-les dans un journal de gratitude. Cela permet de cultiver un état d'esprit positif et d'apprécier les petites choses qui passent souvent inaperçues.

2. **Exprimez votre gratitude aux autres** : N'hésitez pas à exprimer votre gratitude et votre appréciation aux personnes qui vous entourent. Un simple "merci" peut faire une grande différence et renforcer vos relations.

3. **Pratiquez la générosité** : Partagez vos bienfaits avec les

autres, que ce soit par des dons, du bénévolat ou de simples actes de gentillesse. En aidant les autres, vous cultiverez également une attitude de gratitude dans votre propre vie.

4. **Reconnaître les petites choses** : Soyez conscient des petites bénédictions et des moments de joie dans votre vie et reconnaissez-les avec gratitude. Cela vous aidera à garder une attitude positive, même dans les moments difficiles.

En pratiquant la gratitude et la reconnaissance dans notre vie, nous attirons non seulement plus d'abondance et de bonheur, mais nous cultivons également un lien spirituel profond et renforçons nos relations avec Dieu et les autres personnes qui nous entourent.

CONCLUSION

Intégrer les codes de la richesse dans la vie quotidienne

Tout au long de ce livre, nous nous plongeons dans les enseignements de Salomon, l'un des personnages les plus sages et les plus prospères de l'histoire, et nous explorons la manière dont ses leçons peuvent être appliquées dans notre vie quotidienne pour parvenir à une véritable prospérité financière et à l'épanouissement personnel. Du principe de générosité à l'importance de la maîtrise de soi, des avantages de la diversification aux valeurs de l'éthique des affaires, chaque chapitre a révélé des aspects clés pour une vie de succès et d'épanouissement. Maintenant que nous arrivons à la conclusion, il est temps de réfléchir à la manière d'intégrer ces codes de la richesse dans notre parcours personnel.

Tout d'abord, il est essentiel d'intérioriser le principe de générosité dans tous les domaines de notre vie. Tout comme Salomon a compris l'importance de donner sans compter, nous devons pratiquer la générosité dans nos finances, nos relations et tous les aspects de notre existence. En semant la générosité, nous récoltons l'abondance.

En outre, le chapitre sur l'art de la gestion avisée nous rappelle l'importance de prendre des décisions financières prudentes et de planifier soigneusement notre avenir. Se fixer des objectifs clairs, établir un budget détaillé et rechercher des conseils avisés sont des étapes essentielles pour assurer notre stabilité financière et atteindre nos objectifs à long terme.

L'éthique des affaires est également un principe crucial que Salomon nous enseigne. En pratiquant l'honnêteté, la transparence et le respect dans toutes nos interactions professionnelles, nous construisons des relations solides et durables basées sur la confiance et l'intégrité. Cela permet non seulement de renforcer notre réputation, mais aussi de contribuer à un environnement commercial plus équitable et plus éthique.

En outre, la discipline et la maîtrise de soi sont fondamentales pour garantir une vie financière saine et prospère. Comme nous le rappelle Salomon, les décisions hâtives et impulsives peuvent conduire à des résultats désastreux, tandis que la discipline et une planification minutieuse mènent à l'abondance et au succès.

La diversification des investissements est également une stratégie cruciale pour atténuer les risques financiers et garantir notre sécurité financière à long terme. Tout comme Salomon nous conseille de ne pas mettre tous nos œufs dans le même panier, nous devrions diversifier nos sources de revenus et nos investissements afin de protéger nos actifs et de maximiser nos rendements.

Enfin, la pratique de la gratitude et de la reconnaissance nous rappelle l'importance de valoriser et d'apprécier les bénédictions que nous recevons. En reconnaissant que tout ce que nous avons est un don de Dieu, nous cultivons un état d'esprit de gratitude et de satisfaction qui nous permet de trouver la joie et la satisfaction dans tous les domaines de notre vie.

En bref, les enseignements de Salomon constituent un guide précieux pour atteindre une véritable prospérité financière et un épanouissement personnel. En intégrant ces codes de richesse dans notre vie quotidienne, nous pouvons transformer les concepts anciens en pratiques contemporaines et mener une vie de succès, d'épanouissement et de sens. Puissions-nous continuer à rechercher la sagesse de Salomon et à appliquer ses enseignements dans notre voyage vers la véritable prospérité.

www.ingramcontent.com/pod-product-compliance
Lightning Source LLC
Chambersburg PA
CBHW071217240526
45470CB00018B/2064